엄마가 아팠다

국립중앙도서관 출판시도서목록(CIP)

엄마가 아팠다 : 김명이 시집 / 지은이: 김명이. -- 대전
: 지혜, 2013
p. ; cm. -- (지혜사랑 ; 093)

ISBN 978-89-97386-72-7 03810 : ₩8000

한국 현대시[韓國 現代詩]

811.7-KDC5
895.715-DDC21 CIP2013022402

지혜사랑 093

엄마가 아팠다

김명이

지혜

시인의 말

건너온 징검돌을 떠올리며 자신을 두드려 본 시간
늘 그래왔던 것들이 짙게 어둑해졌다
뒤늦게 필연처럼 깨우는 세포들
집중하여 생의 전환점으로 돌려가야 했다
허공으로 난 길을 가슴속에 숱하게 그리며
숨으려고만 한 나를 끄집어내고 있었다
그 사이, 백지에 몇 개의 발자국이 찍혀있음을 보았다
그리고 무리지어 가는 것을

가만히 손 흔들었다

2013년 초겨울
김명이

차례

2부

3부

4부

• 일러두기
한 연이 첫 번째 행에서 시작될 때는 > 로 표시합니다.

1부

랄랄라 스무 살

아홉시에서 아홉시 랄랄라 스무 살, 방학특수, 알바천국, 황금이삭을 줍자, 오 만원어치 물렁뼈가 지근거린다

자주 한 시간 덤 주면서 웃어 주기, 바코드에 능숙할수록 목적지에 다가가는 법은 쉽게 배운다, 부러진 발톱 붙이러 간 화장실

그때 벽쪽에 서 있는 엄마, 어린이 집 다닐 적 헐값으로 펴 주고 겨우 남긴 쌍가락지 왜 빼셨을까? 링 속에 생긴 허공을 밀고 금 한 돈 이십이 만원 화살촉 급히 따라가셨다

광고 등 외벽 밝히면
나의 발바닥은 불어터진 생선이 되었습니까
삼키지 못한 가시는 제 목에 걸려야 맞습니까
신음들 사이로 빛나는 성공시리즈
철학은 전설처럼 먼지의 두께가 되고
책가방은 방학 전 그대로 하품한 채
랄랄라 스무 살, 쉰 살
살기 좋은 우리 나라

무기수

갯내 풀풀대는 하루 품
욕조에 가라앉고 싶었다
쌀통 두들겨 흩어진 낱알 모으며
살인을 서약한 아이
마취의 혼몽이 풀리고 가랑이 사이 핏자국
빈혈, 그 뿐일 줄 알았다

꽉 물려 닫아도 찾아오는
해질녘 창밖은 슬픔을 끓이는 도가니
전신주에 쓰러진 간판휘장을 뚫고
바람은 찢겨져 날아들었다
우 어 어 어
입 떼지 못한 아이울음 같아
내 속의 유죄
그 밤이 파래지도록 창틀 붙잡고 서 있었다

세월은 잊게 한다더니
한시도 선명해지는 것을
하늘에서 자랐을까
절벽이 된 젖가슴 쓸어 모아
캄캄한 꿈속에 풀어놓았다
낯이 설지 않은 아기 얼굴

한번은 만난 것도 같은…

헐렁해진 아랫배 아직 통증 아리다

7080 여자

화염 끊고 난 숲의 허기와 공중에 녹아버린 새의 음성
초록 소주병을 나무라 하자 피우고 싶은 나무의 꽃을 말해 봐

정전된 눈동자 오븐에 구워진 치즈피자 꽃
떠나간 바다가 그리워 가만히 피는 소금 꽃…계곡에 갇힌 메아리 우우

속눈썹 가지에 터뜨리는 알갱이 꽃들 그제야 다투어
꽃보다 잎이 나중에 피는 매화 목련꽃…이슥고 사스락 잊힌 내 이름 꽃

머우대 같은 친구 화장실 갔다 오더니 죽은 나무 아니야
붉은 꽃이 흐드러지게 피고 있어…

엄마가 아팠다

앞마당 오래된 나무 베어버린 후
여는 나노록 처음
식음 거부하고 끓는 급병
며칠째 병상을 붙들고 있다
동티일까 들리는 염려
불쑥 돌아가신 외할머니 보았다
병실 입구 쪼아댄 낫을 베고
침이 꽂힌 표본실 눈빛
통창에 들어 온
천왕봉 봉우리만 마주하였다
죽 드셔요
약도 먹고 그래야 낫지
달래며 여러 번
정전 밤 움켜쥐던 음성 번갈아
죽은 솔잎 매달아 놓고 간 2월의 바람
기일을 보았을까
손 내밀었다
까드린 귤 한 조각 겨우
아기처럼 빨아먹었다

이. 제. 살. 았. 네

>

배. 고. 프. 구. 나

링거액에서 아버지 목소리 떨어졌다

돌아가는 길

이 도시의 끝
네게로 가뿐하게 흘러가던 그 길일까
거리는 줄지 않고
낯선 불빛 즐비하다

조명 아래 입술은
괄호에 너를 넣고 취한 말의 바닥
바깥이 되어간다
번갈아 추가하는 커피
벌게진 말의 원산지 찾으며
사소한 자국들 데여서 넘친다
쉼표
마침표
긴 탐색
구름무늬 또 긋는다

돌아가는 길
출렁이는 운전대
가로수 흙터를 훑고 지난다

처음 해 본 네일아트
네 손에 쥐여

숨 가쁘게
꽃잎으로 떨어지던 그 길일까
밤비 냄새 들이친다
어디 주유소 휴지였더라
두툼하게 쌓인 저것들

이름의 그늘

44-1
확인한다 한계 눈금

너희는 게시판에 나를 토막 친다 너희는 바위 치기를 종용한다

불을 지닌 결핍 몸집 이마가 끓지 않아야 혀를 살렸다
냉동된 어린 미이라의 눈은 슬펐다
아버지는 새벽부터 그늘 깊게 파고 나를 심었다
바위에 던져봐야 산산조각 날 뿐이란다

괜찮아요, 아버지
화마가 머물다 가는 동안 구운 계란이 되는 거죠
서서히 익고 먹히는 시간
물이 없는 사람은 목을 죄기도 해요
삽날 닦아드리며 구덩이에서 익숙해졌다

젖은 뼈 수로 없어 흥건한 저녁
함부로 말하라고 글 쓰는 게 아니다
팔을 던지지 못한 나는
조몰락거리던 결심 쥔다
너희를 타이타닉호에 태워주며, 나 물결로 세우게 하겠다

>

44-1
수면을 어질어질 밀고 가는 너는

인忍이라 부르는 비굴
그만 피식 웃는다
세상은 포크레인으로 파는군

사월의 그늘

배를 끌어안고 초경을 감추고 싶었다

누군가 튕기고 간 진창물
병아리는 막 보행기를 벗은 듯
등나무 아래 다가와
누웠어, 한참 감고 있는 조그만 눈
젖어있던 깃털 위로
바람먼지 날아와 얹어져

아침신문
내비게이션처럼 가지 뻗는 제 지구
돌연 멈춤 누르고 아득한 나라의 별이 된
천재학교의 박제들
기가 찬 뉴스를 보는데
오늘 선생님도 위치 추적 떠났다는데

노란 봄 터뜨린 언덕배기
왁자지껄 혀를 쏟아내는 다행들
내 이름 네가 되기 위하여
도서관 입구 놓고 가는 뒷발치 보며

이제 당당하라는 주문은 생략한다

유리 지구

1.
특별단지 별난 아파트
청소기 돌리다가
자꾸 허리 두드리는 아파트 제외합니다
벨 한번 눌렀다가
팔찌 찰뻔 한 아파트도 제외합니다
아참 그 아파트 이제 입구에서 차단하지요
괜한 염려했습니다

아흐 아파트
기다리는 애인은 흘러갔지요
내 목은 더 늘릴 수가 없었어요

아아 아파트
어쩌다 그곳은
슬픈 사람들이 돌아오지 않기 위해
밧줄 매지 않고 번지점프하는 곳
그래서 밧줄가게 아저씨는
비 오는 날 막걸리를 안주 없이 마시나요

2.
내가 사는 아파트

월세 전세 고공 레일 수시로 출몰한다
붙박이들 표정 찾는 그 밤만 우렁찰까
장롱으로 칸 쪼갰을 아이 셋 삼대 가족부터
고성 가무 통제 불가, 앞 전 예술가

제사가 달력마다 꼬리 물었다
틀니처럼 실려 나가는 문갑
빈 곽이 되었다

가로등 켜지면 분주한 치킨가게 새로 온 위층
새벽녘 천장 적시는 물소리로 그의 밤은 시작된다
음악일 수 없어도 동화되어가는 곡조
아파트 맨 낮은 곳
얼마큼 단단한 리듬을 만들었을까

소리 없이 이사 간 어지간 여사 만났다
글썽이며 팔목 으스러지게 잡는다
마당 사서 이사 간 위풍당당 삼대 가족
밟히다가 돌을 뽑아
아파트 통째 찍던 그 밤의 격전, 패배한 아래층이다

위층 집 부부

아마도 왕쥐 키우는 취미가 있을까
염탐하던 남편 낌새 수상하다
전염되어 이불이 춤추는 밤도 있다

소문은 공동묘지 터
코끝이 매웠다 물방울 티격태격하는 허허 아파트

환자

뱃살이 물컹한 남자 노랑 물을 배꼽 아래 봉지 매달아 빼끔빼끔 채우고 인조 목길이 같은 쇄골 뼈를 드러낸 여자 걸쇠에 매달린 노랑 물을 야금야금 살 속에 채우고 다리 세 개 바퀴 달린 다리 외눈 동굴의 눈 흰 천이 둔갑된 머리들 포르말린 향 스칠수록 주유소 바람 빠진 풍선처럼 꺾기 춤추는 나 피를 마신 주사기 뒹굴고 빨간 칸들 허둥대는 엘리베이터 안 결이 마른 동공을 외면하고 턱에 찬 모래바람 빠져나와 문고리를 감싸 쥔 푸른 정맥들이 겨울강의 풀처럼 얼려 있다 잘려진 햇살 커텐 모서리로 기어나와 그 여자 망막에 맺혀 천장을 더듬었다

자궁 들어낸 저 보고 피식피식 나를 향해 또각또각 걸어오는 청진기

아이와 노인의 평행 이론

일 세기 놓아버린 문고리
황소 같던 아흔 고개

태초로 가는
앙상한 말
그러다가 잠들었네

실로 투명하고 고요한 얼굴
태를 달고 나오는

맞다
사는 건
어디만큼부터
잘 작아지는 결말을 향한 거야

어쩌면
어린왕자는 유쾌한 할아버지일 거라 생각했어
자라지 않는 피터팬은 참으로 영리했던 거야

콩나물시루 속으로

아랍 여자처럼 차도르를 쓰고 살아
검은 베일 속 궁금해서
살짝 들추어 보면 노랑대가리 굼실굼실
갑갑할까봐, 벗겨버리면 쑥쑥 자랄 것 같아
엄마 비행기재 넘어 장수 가실 때
빨리 세상 나오라고 꼬박 하루 구경시켰네
파래진 얼굴 온몸이 뿌리처럼 쭈글거려
무짠지 되어 돌아오신 엄마
빗자루로 내 몸 감았네
멍든 콩나물
밤새도록 병든 오줌 찔찔거리고
물컹한 엄마의 동굴에서
모레는 추석날
그 사흘 지나 증조부 제삿날
검은 이불 뒤집어 쓴 채
절여진 나의 샅은 붉은 음표 가득하였네

설계사 파리 씨의 꿈

예감수명 백세 넘어간다지요
지붕 없는 차는 아이돌스타 깨진 늑골로 덮였을 거야
내일 저녁에도 식탁에 꽃들은 여전할까
의자는 수상한 자세로 엿듣거나 각이 뒤틀려 있다

아름다운 마무리를 쫙 펴드릴까요
고속 해드뱅을 하기 시작해
지금부터 쏠쏠하고 정교한 안내에 무임승차 하시지요

김 팀장님 징후처럼 서랍엔 공명共鳴만 두셨군요
주부님 상속인은 본인이라 귀띔 드릴까요
간이 두 개 더 될지 모르는 당신은 신종 나이롱환자
병아리가 우주로 날아갈 수 있게 비구름을 가려주세요

바퀴 달린 다리 구인광고에 기도를 매달고
어느 구석 관통하는 방사선 투명 비명 안
그보다 먼저 타버린 바깥에 긴 숫자 붙든 그녀 절명絶命 직전
매일 누군가 귀에 대고 쟁쟁인다
그게 바로 나? 보험이 최고야

막대그래프가 에펠탑 꼭대기를 찌르면
유리창 구멍내고 깔깔 웃는 얼굴 걸어 놓을까

저 좀 보세요
오늘 하루
푸른 하늘 흰 구름 초록 나무 노랑 꽃잎들
말들이 목책을 뛰어넘어 분홍 계약서로 전해주는
힘이 되는 친구 초원보험 여기 있어요

부자

민들레가 말했어요
홀씨 날아가는 곳이면 다 제 땅이어요

새들이 날갯짓 치며 말했어요
바다 해수욕장도 있고
북극 얼음 별장을 향해 가는 중이어요

언제나 등 기댈 곳 있지
잠꼬대에 발바닥 턱에 차는 집
망설이는데
떠밀리며 나는 말해요

즐거운 상상

고슬고슬하게 잘 지어진
쌀밥 같은 눈이 산을 덮고
방앗간 떡시루에 잘 찧어진
지붕은 모닥모닥
네 귀퉁이 반듯한 설기떡이다
제분공장의 가루분 날리듯
눈은 쌓여서
케이크를 만들고 국수도 뽑고

저 눈이 쌀이고 가루분이라면
검은 길 위에 납작 엎드린
저 거지
엎드려서 더 좋을 일이다
찌그러진 누런 양재기
황금 양푼 되겠네

별 캐러 가는 거다

엄마
나무의 키 재던 해가 사라졌어요
꽃들에게 물을 많이 주는 낮의 구름이 미워요
폴짝 등에 올라
하늘에 박힌 별 캐러 가자고
품속 끌어당기는 아이야, 해야

이틀 지나면 마감일
그래프는 빈 봉투처럼 서 있고
신설된 부실 팀의 챌린저호
선발대로 탑승할지 모른다는 수군거림 엿들었다

그림자를 집어먹는 골목길 어린이집 앞
또 늦었네요
아이가 오줌 잘 가렸어요
보조교사와 내가 헛디디는 말
거미줄에 걸려 불빛 흔들고 있다

가자, 아이야
질펀한 골목 어둠 파래김처럼 펼쳐
김밥도 싸고
오렌지, 물병도 챙기고
배낭 가득 담아 올까?

2부

뿌리 내리는 목

목의 종류, 아차하면 댕강거려 석고대죄가 된다
속, 붉은 것들
가만히 있어도 멈추어 가는 두려움
내부의 내부로 응고시킨다

아이는 뛰고
두 번, 공중이 무섭다

눈발 쥔 겨울 계단
틀어막은 내부
기침에 드러나
적신 치부, 외부가 되었다

끝없는 수풀, 긁히던 광대뼈
어느 나라의 수행자가 촛농을 안고 얼룩져 간다

매스자국의 외부와 내부, 맞댄 벽
목이 긴 현기증
센 곳, 샌다

아기 바구니에 내리는 옹알이

감자

네 몸에서 치러낸 산고를 바라보며
식칼 들고 있는 나의 손은 떨고 있다
너는 온통 퍼런 멍으로 가득 채우고
독이 올라 싹을 틔운다

칼집 넣어 한 겹 또 한 겹 살갗을 도려낼 때
속 움킨 하얀 속살 한입 크기로나 남는 것이더냐
코끼리 주름처럼 몸 말려 씨눈으로 버티어서
땅속에 묻혀서야 비로소 열매 맺는 기쁨일 테지

감자야
알맹이도 싹의 독도 배꼽에 감추고 있음을 안다
한 솥 삶고 지지고 볶고
내 속에도 주먹만 한 감자가 얹혀있구나

알레르기 계절

계절이 헌옷을 수선하는 동안
몸의 신호는 곳곳에서 잔파도를 일으켰다
간혹 새 옷에 맞추려고
속살에 주기적 문신이 새겨지는 것을 감수했다
저울은 경계의 빙점에서
당신 어쩌면 한결 허수아비죠
숨관을 비튼 해감
비벼진 살 모서리에 걸쳐 놓고
손톱은 살갗을 찌르기 위해 자랐다
딱지로 감싸는 동안
관상화분은 먼지를 먹고 눈금 늘렸다
뗄 수 없는 것의 냄새
거울 속에 없는 얼굴 표류하며
하나 둘 생긴 반점 드러날수록 후련해졌다
사월의 더듬이 켜진다
창과 벽 부실 틈으로 날라다 준
바람의 노래를 듣고
척척한 어깨에 솟는 은빛 날개를 생각한다
보았다고 해도 믿어주는 이 없는
허공의 그림을 산다
사다리에 오르는 목소리
어둠을 꺾기 위해 지난 밤 일자로 눕힌 관절 세워
나머지 계절을 찾아
마치 돋움 발 풍선 인형이 될 것이다

가을

손잡이 없는

손거울 꺼내고

테두리가 된 나의 입술

어금니 빼낸 자리

혀 밀어 본다

소독약 발라도

화농 익어갈 뿐인 잇몸

이빨은 낙엽이다

벌레울음 입속에 가득하다

겨울 산

오르막도 내리막도 앞에서만 부는 바람
나무는 밀려도 제자리에 있고
나는 나아가야만 했다
돌계단 턱을 딛고 있는 오전의 햇살
희고 짱짱한 재를 가리키며 떨어졌다
한 덩어리 바람으로도 날개 없는 새
멈춤의 두께는 먹구름처럼 짙어졌다
발자국 깊은 소리로 묻혀갈수록
눈발이 나무 비늘 되어 바람의 바닥으로 주저앉을수록
숨 막고 붙잡히는 팽팽한 접전
불현듯 예외 없이 가벼울 수 있다는 것
미끌린 폭 빙산 담장 무너뜨리며
떨어진 흙무더기 아래 절벽
기어오르는 네 발 짐승 되어간다
짐승은 안다
꼭대기엔 아무것도 없다는 것
그래서 꼭대기로 향하는 것
허공을 두른 막바지 산봉우리
눈을 잃고 내가 없는 몸을 던진다
설원 틈바구니마다 눈을 뜨는 낮별들
새가 될 수 없는 내가 단 한번 새가 되기 위해

맨 아래 땅을 딛는 순간 지고 내려온 눈발 한 짐
겨울 산은 나를 놓아주고 또 붙잡는다

꽃

발코니 푸른 화분 그늘 밑
뿌리도 이파리도 없이 피어 있는
창문을 한번 여닫기만 해도
부스러지는 말린 꽃
망사 그물에 둘리어
말라갈수록 살아 있는 점철
물관을 타고 올라
잎을 피우고 꽃대를 키우는 상상
망사의 올을 풀어 흘린다
해 뉘엿
꽃잎들 깨어나
서녘 창에 흐드러지는 노을 꽃밭
그림자를 품고 가는 붉고 노란 꽃
뜨물을 뿌려주며 얼굴 담근다
살아 있는 꽃은
붉은 노을 한 떨기여도 충분하다
고스란히 피워 올리는 생각의 꽃
나비야 이제 그만 서성이렴

꽃이 피면 슬퍼지는 얘기

엄마
새벽녘 등줄기에 서늘한 비가 내려요
시리고 시려 선뜻 깨어났지요
바늘귀는 살 속에서 실을 꿰는지
얼음 아래 바람소리로 뚫고 오네요
이제는 배도 아프지 않아요
달빛 머물다 가는 자목련 꽃봉오리
눈물 찍어 분칠해 주셨지요
허깨비인 듯 푹석해진 몸뚱이
겨울 눈발은 저승사자라 하셨지요
저미는 맘 자락 깨물어 둥글려요
쇠락으로 떨어지는 꽃잎
둥치로 단단해질 수 있음을요
창문 흔들고 살 에이는 동짓달 바람
제 몸만으로 옷이 되는 화분나무
꼬옥 끌어안고 조금만 견뎌라 그리 했지요
엄마
이제 나도 모퉁이를 돌아갈 때
목을 빼고 고개 쑤욱 내밀어요

여자의 상자

너의 도화지에 스케치하고
작법과 색을 채워 넣기 시작했다
귀퉁이에서 중심으로
돌아갈 수밖에 없어
지팡이 짚고 가는 그림자처럼
면의 틀에 끼워지기 위해
연필끝심으로 눌러 찍기도 했다
구름을 좇았으니 사라진 수직
수평은 멀미로 들썩였다
가난이 여실히 가난하고
모서리의 각이 틀어질 때
선의 형식은 방망이
악사 없는 불협화음 들리며
명치의 구멍은 분간으로 불거졌다
세워놓은 입체
그 속에 숨기고 싶은 판도라는 무엇이었을까
뚜껑을 덮기 위해
오늘도 손가락은 허공을 몇 번 짚고 웃는다
물렁해지기 위해
지탱한 뼈의 간헐적 화음 들으며
지워진 봄꽃 이름을 찾아 어슬렁거린다
둘러가지 않아도 곡선이 되는구나

지금 댁들은

부쩍 듣는 말 바보 멍텅구리
한 발자국 떼고 두 발자국 까먹기
이명래 고약 외워 가다가 약방 앞 잊어버리자
한참 마주하며 "그 참 고약하구나"하여 손뼉 친 시절 있었는데
조금만 주춤해도 쪼아오는 눈빛의 의심
바라만 봐줘도 고마울 테지만요
백치미는 관능의 미라고도 한다는데
나 찾아 와
집으로 가는 전화번호 놓치지 않으려는 쓸쓸함
풀이가 잘못된 걸 알지만 그냥 그렇게 말하자면요

며칠 전에 읽은 시
어제 다시 보았는데
오늘 또 적고 있는데
아마도 내일은 구석에 거꾸로 꽂아버릴지도
그리고선 머리에 혹 하나 달아놓겠지요

초등학교 자연 학습처럼
꽃과 나무 이름을 새로 외우기 시작해요
그러면 혹에서 음악이 울려나오고
시 한 줄 덧달아 휘파람 멋지게 불 수 있을까

집으로 가는 길 만나는 당신 처음인 듯 두근거려요

지금 댁들은 어떠셔요

눈새

연약한 다리로 지탱하는 삶
벅차올 때 훌훌 털고 날아가라고
새들에게 날개를 주었을까
새들의 생은 끝을 알 수가 없네

차가운 거리 문대고 간 발자국
이승 끊어내는 새 보았네
겨냥된 가슴 자주 빛 물든 깃 세우려
푸른 공기 보채며 파닥거리다
닫혀간 눈동자
바람의 안간 힘 부질없고 갇힌 하늘 따라 갔네
날갯짓 접은 마디 지상의 슬픔 마지막 쓸어갔네

눈 쌓인 길에 홀로 서 있는 새야
가느란 다리로 어찌 곧게도 서 있는 것이냐
발밑이 얼어 날지 못하는 것이냐
황량한 길 위에 눈발을 뒤집어쓰고
균형이 무너져 잠이 들까 두렵다
그래도 다가가 흔들지는 않겠다

네 눈길 끝, 모르는 채로
더 낮은 몸짓
발목만 호호 불어주겠다

돈 세상

돈을 벌러 나가야 해요 힘센 부자의 저울에 올려져 규칙을 딜아야 해요 쥐덫을 피해 구석에서 찍찍 돈이 내가 되어서 도덕을 지탱하고 사랑을 하고 부모 말씀 따라요 입들이 신호등처럼 깜빡거려요 껍데기만 남은 몸 재활용 하라 하시니 허리 접어 초인종 누를 때 모니터 보고 있는 당신 우렁이 각시거나 통계로 남은 생 더 살고자 고민 안 할 텐데 어쩌나 옴쭉달싹 그물망 세상 꺽꺽 킥킥 신문의 찌라시는 쥐여줘요 한방에 대박 찾아 빨간 립스틱을 바르고선

빌딩 속으로 증발하는 백혈구
그저께 밤, 똥 밟은 꿈은 아직도 유효할까요

무서운 건물

대리석 표지 밀고 푸른 유리 빛 터널을 딛는다
경비 옆구리에서 입 벌릴 채비를 하는 가스총
죄를 짓지 않아요 어젯밤 무사했어요

스캔사진 영정되어 목에 매달고 거미 눈구멍을 통과하자
슷 슷 감아가는 천장의 혹 물뱀처럼 늪지를 엿본다

조금 전 와글 소리 신발장 속으로 꾸깃꾸깃 들어가고
손잡이에 걸어두고 가는 가느란 당부
굽 소리 끊긴 메마른 바닥에 그림자 사계절 같은 꿈을 꾸며
안내판에 실린 약호와 규칙들만 화살을 쏜다

꽃을 찾아 열매를 찾아 사방이 채찍으로 피고 지는 화면
나무를 찾아야 한다
석고처럼 빳빳해지는 다음다음다음
말라버린 눈 속으로 성냥불 켜오는 고추잠자리
토사한 공기 싸늘한 벽체에 깔리어
인증 받아 숨을 뿜고 있는 산세베리아도 노인처럼 굽는다

일들이 지문 하나 지우고 나올 때까지 그냥 떨려
반쪽만 웃고 있는 얼굴이 보여
굽 소리 길바닥에 후들거려

어깨에 흘러내린 면 슬립 끈
후사경에 쏘아댄 입김 건힐 때 확 깼다
알몸까지 훑고 있을 익숙한 건물

위험한 계단

핸들 비튼 길 왼빰 흐트러졌다
흐려진 하늘
나의 손톱은 주머니에 눌린 캬라멜 껍질 뜯어 벗긴다

그 식당 아무렇지 않은 삼겹살
너는 턱 젓가락으로 허공을 집었다
'생'과 냉동' 사이 함정을

고기 한 점 연기가 되어가는 동안
너는 눈물 훔친다

핸드폰 만지작거리며
일회용 물수건 같은 질문 몇 번째
등을 안아줄 때는 눈을 감아야 한다
바람 꺾이는 계단
빗방울 서너 개
나의 물고기는 아가미를 마지막으로 퍼덕인다

멈춰가는 시계 바늘
육교에 숨지 못한 저녁그늘 차인다
내려가는 계단 다가갈 때 튀어 오른 너의 환영
나를 자빠뜨린다
캬라멜 낀 손톱 깨문다

수련 이 다음에

해 거듭해도 뿌옇던 당신

자배기에 옮기고
나 고인 물 되었다
잎사귀 열 스물 손바닥 펴는데
지난겨울 강바닥까지 과식한 구름
여름 내내 풀어 놓는다
가슴까지 밑줄 그은 주름

첫 꽃잎 꺼내면
켜켜이 꽃무늬, 자란 키
핸드폰 화면에 쥐어드릴까 했는데
성급했구나
서리가 엿보는 저녁
잎삭이 진흙에 눕네

등짐지고 잠기는 낙조 호수를 밀어내려 할 때
당신 다리도 별안간 땅바닥에 놓았지
진흙 속 뚫고 나와
붉은 연심 밀어 올릴 수 없었니

저물녘 일기예보는 또 씨앗 가득 뿌린다

구름 테두리에 걸린 꽁지 햇살
나는 쪽 창문 끝까지 밀고
연잎에 한 톨
물위에 한 톨

호박을 으깨세요

세밑 모서리
딱히 못 한 것도 없는데
호박이 네온 품고
어둠을 뱅글뱅글 돌리는 클럽에 갔다
싹싹 굽혀오는 여자 조용필과 남자 소녀시대
가수 목젖에서 리듬들이
새알심처럼 풀어지고
단풍잎만큼 가린 삼각팬티
어질하게 몽돌 같은
남자 무희 맨 근육은 골반위로 끓어 넘쳤다

짙게 그린 아이라인, 조명으로 사라진 별 대신하는 비상구
흐느적, 흔들어 여죄를 반란하자
그의 척추가 연체될수록
나는 찰싹 먼지였을지 몰라
야유의 날에 조각되어 갈수록
석고의 눈빛으로 그를 떼어
내 껍질에 갖다 붙였는지 몰라
그도 죽었는지 모르니까

이리 비비적 저리 비비적
으깨진 것은 나와 너

호박 속 붉은 빛은
어둠을 삼킬수록 싱싱하였다

첫 눈

거꾸로 찍고 간 발자국 타래 끝
시려워 비벼댄 웅덩이

눈발이 미쳐올수록
그리움의 크기란 걸

첫 눈이 오면
맨 먼저 묻는다

당신 살아 있니

덤

이끼가 혓바닥에서 백화될 때
불이 끓고 물이 탄 거죠
생은 손에 힘을 쥐는 것일 텐데요
까딱 마저 내팽겨졌죠
구조원은 산소마스크 씌우며
가슴 뿡이 드러나고
의식의 빛은 꺼질 때 제 값을 하죠
사이렌 소리와
세이렌의 유혹의 노래는 한 가닥일까요
흰 주머니에서 불룩한 손가락이 꺼내는
우물우물 진단
눈썹을 띄우려고
아마도 고군분투했다는데요
운이 좋았다죠
병실 구석에 놓인 공을 튕겨보아요
거꾸로 잡으니 운이 되죠
저리 튕겨 나 이곳 왔을까요
창문을 거두어 가는 태양
붙잡지 못한 공이 굴러가는데요
지평선 끝 푸른 불꽃이 화장되고 있었죠
버리지 않으면 굴러는 갈까요
덤으로 얻었다고

모독하지 않아요
신선하게 신성하게 되었죠

안녕

마른 꽃다발 거실 한쪽에 놓였다

살아있는 꽃을 왜 피우지 않느냐고

버석거리는 몸들 촉촉해지는 건 내 몫이 아니라고

모르겠다 늘 그래왔다 감미로운 느낌 다가오면

경계하고 거절하여 편하지 않느냐고

눈길 주지 않아 베란다 창에 기댄 이름 모르는 제주 섬 나무

동백나무 죽은 자리 쭉정이 한참 밀고 올라와

그림자 닫힌 창에 흔들린다 열매를 맺는다

산고를 겪고 있었구나 그 적막 속에서

물을 주었다 쭈그리고 앉아서 분재처럼 휘어버린 얇은 몸뚱이

잔가지와 이파리를 물동이처럼 이고 선 밑동부터 손으로 쓸어 주었다

>

손끝에 피어난 아린 파장

이제 너의 이름을 찾아 주리라

마흔 일곱 생일 꽃다발 그늘에서 견디고 있는 며칠

선뜻 내밀지 못하고 눈길을 거둔다 안녕

내 속에 갇혀서 살아온 절제와 잠겨버린 시간들

알람아, 목청껏 울려라

3부

사금파리

새벽이슬에 누워
계곡 이끼로 핀 돌 틈
흰 사금파리 물지게 지고 있다
또 다른 조각들은 어디로 떠내려갔니
너도 한때 밥상에 수저가 많은 집
수북한 기쁨이었으리라

겨울 무늬

자정 넘어 홑청 속 솜들이 날아다니는 공중

늦철 들어 도서관에 파묻힌 아이

마중을 간다 꾹꾹 누르며 따라오는 외발자국

나무 위에 곱게 쌓이는 눈 명주솜 이불 덮인 것일 게다

잠깐 흔들리는 건 어린나무 등 토닥이는 소리일 게다

눈발로 몰아쳐 발목이 빠지는 뽀드득 소리

이 길에 계곡처럼 채워진다 해도 주저 앉고 맞으리

아이 발소리 따각따각 말발굽처럼 헤치고 오는가

나무의 집

나무야 미안해
부러진 어린가지 또 잘게 부수어
밑동 아래 놓았다
새가 보이지 않아
어린 새들 흘리고 간
메아리가 돌아오지 않아
집을 짓지 못한 새들이
지난겨울 시베리아 바람에 힘겨웠나봐
새가 없는 숲
척척하게 앓고 있어
남은 새들이
여름 폭우 몰려오기 전에
집을 짓게 하자
어린 부리로 갸우뚱 물고 가
아빠 곁 거들며 틈새 막는
잔가지를 나르는 일
틈새란 얼마나 무서운 것이야
처마 보이지 않아도
어딘가 부지런히 짓게 해야 해
네 잔뼈가 둥지인 걸 알게 될 거야

덤벼라 빨간 딱지

1.

고주망태로 작은아버지가 다녀가신 후
우리 집 다리 달린 흑백텔레비전 생선가게 안방에
아리아리한 목포의 눈물 또래남자 집에 실려 간 전축에서 흘렀다
처음 본 검정신사 막무가내 들어와
빨간딱지 붙이는데
떼려 하면 차렷 세우고 잡아가겠다
구름판 멈춘 재봉틀 앞에서 얼음처럼 녹고 있는 엄마
별이 총총할 때
처음 아궁이에 먹구름 지펴
도랑물소리 찰랑한 동생 설익은 밥상 차려준 저녁이었다.
뻣뻣해진 생쥐 꼬리 건드리며
손바닥에 헤아려 놓은 쥐밥 몇 알
멍울 잡힌 가슴을 드러내고 이마는 차가워졌다
붐빈 말들을 말려
몇 해인가 자라지 않는 이름을 가진 아이

2.

대양 건너와 달릴 틈 주지 않고 쓸고 가는데
쓰나미야 IMF 쓰나미
대통령도 구걸하고 우수수 모래바닥에 아우성이었네

별 수 없었지 빨간딱지 다닥다닥
매 맞아 본 사람은 두려워지거나 단단해지거나
기꺼이 한판 붙자
빌딩 타고 전단지 돌리고 돌리고
젖은 언어로 베개가 울고 울고
딱딱해진 관절 숱하게 실랑이한 밤들을 쥐었네
빨강아 너를 잡아먹고 말테다
위독한 생활은 알약쯤으로 털어도 되었네
그것은 비타민이라고 말해줄까

이제 나 빨강이 시시해
가끔 빨간 구두를 신고 외투도 걸치지
언제든 덤벼봐

양陽

아버지 자꾸 누우려 마세요
건들장마에 곪은 텃밭
가문 햇살 꾹꾹 눌러줘야
김장배추 속살 여물지요

함석지붕에 두엄처럼 켜 쌓인 은행잎
조임 못도 속대까지 녹 먹고
천장은 부대껴 온 어루러기 갈피를 놓아요
이젠 가지를 쳐야겠구나, 하셨지요
산자락에 사드린 햇살 넘실한 터
저물어 쉴 곳 좋구나, 하셨지요

새벽 네 시 기침소리 들릴까
먼 산 어스름 별 캐 와서
전화기에 심어놓은 끝 번호
환히 동 트는데

배추벌레는 얼마큼 잡으셨나요

설날 뒤란

여섯 살 이사 왔을 때
홍시 주렁주렁 열리고 담장 기와 이빨 빠진 감나무 집
새마을운동으로 배급된 은행나무 끼워 넣었다

쉰에 백수 된 아버지
초겨울 냇가에 은행잎삭과 알맹이 구린내만 씻었겠는가
박물장수 따주려고
감나무가지 오르다 부러뜨린 엄마 허리 평생 뚝뚝 들렸다

마대자루 포개며 길어진 걸음 털어내시곤
한 철 보일러에 기름 채우고 손주놈 빳빳한 세뱃돈도 줄 수 있구나
좋아하시더니 소문 없이 싹둑 베었다

동굴 밖처럼 열린 작은 채 입구
한번 바르고 멈춘 회칠 벽에 햇살 웅성거린다
은행나무 둥치와 감나무 우듬지 보며
지붕 무너뜨릴 주인 없는 무성함을 알고 계신 거다
고비 넘기고 분주하신 거동
소멸 전 번쩍임을 예감하고 계신 거다
몸에 닿은 옷가지며 아끼시던 새 옷가지도
그토록 밀어내던 교회에 헌납하셨다는 얘긴 또 뭐지

>

잘라놓은 둥치를 보며
장작으로 다 쪼개지 말아주세요, 아버지
담장 아래 의자처럼 놓아주세요
두툼한 건 반질하게 탁자로 다듬어
내년엔 삼겹살을 거기서 구워먹기로 해요
차마 뜨거운 소리 내지 못하고 바닥에 뚜뚜뚜

두런거리는 뒤란
우리 집 뼈가 보여요

사라진 추억은 까끌까끌한데

고추장아 잘 익겠지

찬바람 업고 슬금슬금 다녀가는 가을 볕
처음 담가 본 고추장 항아리 뚜껑 열어 본다
아직 겨울 먼데
흰 눈이 먼저 와 소복이 쌓였다
이를 어째
엄마
손톱 싸매지 않아도
손바닥 빠져서 봉숭아 꽃물 자꾸 들어요
꽃잎 찧을 때 백반 넣었지
아하 그렇구나
달고나처럼 딱딱해진 입구 들어내고
우묵 파낸 구덩이
삼년 묵은 소금 반반하게 눌러 놓았다

맛이 곱지 않거든 시골로 갖고 온나
태양초 고춧가루 닷 근 보내 주신다더니 짐짓 열 근
닷 근은 마당 가운데 뙤약볕 보내주신 게야

잘 익은 고추장처럼 산마루에 걸터앉은 노을
엄마가 졸리시는가
자꾸만 떨어지고 있다

언니의 플랫(b)

엄마 생신 날
기척 없이 들어오다가
현관문에 목도리 걸려 허물이듯 끌려간다
간신히 빼낸 언니 목소리
떨이에 극성부리더니 먹갈치 뼈 된통 걸린 거냐
웃음은 각막으로 파고드는데

기억나니
주말 마지막 완행열차가 떠나고
여고생 하얗게 접은 발목이 역사를 빠져나오면
부둥켜 얼싸안았지
교과서에 없는 노래를 가르쳐주고
다리 건너 마을표석 비칠 때까지 그 노래 떨려
기쁨은 저녁 비 되어
둑길 풀잎을 안고 떨어지는데

기억하니
언니는 종가에서 돌아와 허리 결 즈음
나는 부표가 끈을 놓은 물결 건너 그 집 향해
바람이 서슬 켠 다리
가사는 부르지 못하고 허밍만 했던 적
긴 목은 가난한 거래

여전히 화음은 쩍쩍 달라붙는데

언니 목에 생긴 구멍자국 커질까봐
엄마 뒷등이 자꾸만 틀어놓은 수돗물하고 흐르는 밤

수련

설핏한 하늘 달그락거리는
젖은 담요 꿈꾸는 창가
종기 퍼져 쭈그린 앉은뱅이 연못 수련
근심 배어난 오누이들이 적셔 있다.

오호
반짝이는 비늘을 끌고 헤엄쳐 오는 붉은 머리 잉어
노을까지 다 삼켜라

홍련 백련 흐드러지는 연못
바람으로 떠도는 너 쉬어 가길
꽃 향 섬섬한 정원으로 띄워 주리라

어느 순간 시간은 훌쩍 뛰어 넘었으면 해

구부린 상점에서 빗살무늬 팔뚝에 긋고
집고 밟힌 빈 상자 수레에 엮는다
그 남자 끊어진 모자 고무줄로 귀를 묶고
경적 부서진 자동차 절뚝거린 그늘을 따라 간다
시들음에 줄을 선 야채가게 천막으로
일몰! 서걱서걱 혀 베어 문 그림자

가로등 갓에 웅크린 새벽
흰 사금파리빛 나뭇잎에 매달린다
눌러쓴 모자 같은 골목으로 부르르 가는 알람신호
딸아 너의 세계는 꽉 막힌 독서실 벽 안에서 눈을 뜨고
스미지 못한 물들이 미끄러지는 갓길
어미의 임무는 뿌리 지키는 이끼로 핀다

깍지 낀 손가락 돌아올 때
낡은 담벼락과 신축건물 맞댄 곳
쓰레기더미 꼭대기에 중성고양이 밤눈 켠다
얼굴 묻은 여자 손목 잘린 냄비를 캐고
깔깔거린 양철자루 펄 속으로 사라졌다
일출! 홈쇼핑에서 불티나는 진공 냄비

계란후라이 하다가 글썽

엄마, 지각 한다구요
여보, 아직도 안개가 피어오르니
해 익는다
해 익는다

장마와 바퀴벌레와 나

맨살 거친 곳 끈적하다
후덥지근은 밥알찌꺼기 발효에 최적이다
튀어나온 바퀴벌레
몰살하겠다고 침대 커버 벗겨
생전 처음 세탁소에 열탕 맡기고선
몇몇 해묵은 옷 낚아서
팔 세우고 목을 걸었다가
수거함에 의기양양 보내고 돌아와선
내력 더듬으며 은근 짠하다
실업의 라면냄새 식탁에 넘치면
침대 깃 부풀도록 바퀴벌레가 되기도 했다
졸아든 셔츠에 목 가두고 지네 발톱 스멀거렸다
얼굴 발자국 가득
상형문자 즐비해진 거울 보며
눈 감고도 해독하는 넌
서풍에 실려 온 파도 한 조각
박음질한 마음 한복판 끄집어내 적신다
하나뿐일 통로를 향해
날아가는 물
저 창 끝 붉은 과녁
툭 툭 건드리다 덤비는 장맛비

표정, 삼백육십오 분의 일

올해도 친정으로 설 쇠러 갈 거예요
섬 돌담 구멍엔 댓잎 부비는 소리 가득 차겠어
구내식당처럼 금방 비운 공장로봇 식탁의자 물끄러미 본다
내내 앉아도 되는 당신의 것 잊어버렸다

얼음장 고지서 겹겹 물고와 낯을 트자는 입춘
마이너스 오글오글한 통장 수심 삼키며 입가심 한다
이명으로 박히는 절벽 물소리
뒤집어도 부추전에는 오징어 다리가 없다

놋그릇 양지에 줄 세우고 형님은 찜질파스 붙이셨으리
휴일에도 울리는 전화벨
"반갑습니다 고객님" 무엇을 도와주겠다는데
나는 연신 들었다 놓으며
식사하셨어요? 묻지도 못한다

보일러실 창문 열고 붙박이처럼 선 당신
동그랑 띄운 담배연기 남쪽 벽 모서리 걸려 주춤
필터만 남은 손가락 쏜다

공중에 터지는 빵야 빵 빵

파김치

파김치를 담갔다고
파김치만 보면 내 얼굴 먼저 떠오른다고
늦은 밤 친구 문자 도착
반반치킨 맥주 주문하고 날라 갔지요
반갑다고 손 내밀 때 토목기사 그녀 남편
훈장으로 꼬리에 별을 달아
뒤뚱뒤뚱 푹 삭은 거위 되시고
쪼으고 조인 세월 돌 손이 낭군이시네
무엇을 이루셨나요 어디에 두셨나요
그녀는 식탁 벽 산경도에 눈이 빠진다 하고
나는 트롯 가사에도 눈물이 묻힌다 하지요
둘둘 쪽 지은 파김치 닭 날개에 걸치고
발그레 익어가는 질화로 빛 광대뼈
시어터진 파김치에 밥사발 뚝딱 비운 적도 있잖니
못난 사내라도 파뿌리 되도록 살자 할 때
밤바람에 핼쑥한 꽃잎 떨구는 하얀 목련
그 옆에 자목련 새등처럼 받아 날아가지요

여인

살대 구멍 난 평상에 감잎 덮은 미이라 감투는 희어 숭숭한 머리털 가물진 검불로 치장하였다 사내와 아이가 점령하려 그 밤의 전투가 폐허로 남은 젖무덤 늘어진 내복 사이 흘러나와 생의 꼬리로 가는 입구 입술의 냄새 그리워하는 것일까 압력밥솥처럼 끓었을 것이리라 한 덩이 기쁨의 공기 퍼올려지면 멈춰진 추를 가슴 한쪽 눈사람으로 재워낸 석양의 무게 꼬들꼬들해진 흙밭이어도 물을 품고 물길을 내어주고 저 여인에게도 푸르고 여린 봄날 있었으리니 등 뒤로 다가가 문지를 때 파닥하는 잠자리 날갯죽지 짙은 물빛 차올라 생의 앞자락 마침 떨어지는 감잎과 낮은 소리로 주억거렸다 엿보다가 미끄러졌구나 "닮은 그 여자."

잔칫날

상보처럼 두른 햇살 실바람은 조아리며
봄날 산녘 산치
진달래 아가씨 치맛단이 살랑이고
산벚나무 산지기 어깨도 들썩이시네
목련이모 웃다 배꼽 보이시고

노란 사탕 쪽쪽 빨다
미아가 되었구나
아이야 걱정 말아라
여기는 전부 너희들의 땅
고삐 풀려 쏘다녀도 담벼락 없지
민들레를 찾습니다
목울대를 켜지 않아도
신문에 실종광고 하지 않아도
바람의 아기로 태어나서
후미진 곳까지 뿌리내린 터

거친 땅에 일가를 이루어
환하게 웃고 있는 대견한 생명들
시끌벅적 잔칫날에 넙죽 절을 하고 가련다

헤엄치는 똥

똥개 비명 쩌렁 깨는 아침이면 마당엔 두더지 잡듯 삽 구덩이 서넛 있었다 헐렁한 검정고무줄 허리춤 잡고 구멍 난 창호에 눈알을 굴릴밖에

무 벗겨 먹고 오 촉 전구 고양이처럼 훔치는 밤이면 부침개 먹듯 불룩해져 죽을 푼 구덩이 두엇 더 늘어나 함박눈 날리기를 소나기 내리기를 그 밤은 주문들이 쌔근쌔근 날아 다녔다

흰 눈이 쥐똥만큼 내린 적도 있었다
간밤 폭우에 몇 척 돛단배 떠도는 걸 보았다

동동주 취한 배 양변기 손잡이를 누른다 순간 물기둥 똥이 사라졌다 헛헛한 곯음 쌉쌀한 꼬리를 달고 어느 바다에서 내장의 숨 덩어리 헤엄치는 것일까

가을 짓기

끙끙거리며 계절은 쌓인다 신축 건물 난간 위 햇머리가 십장什長에게 막 들키는 순간 망치소리 거푸십 쪼개며 휴일 없음 선고 한다 두껍게 쓸쓸해진 바람은 허기진 목화 구름 몇 뭉치 창문에 날라놓고 당신은 허리춤에 손 넣어 '미안해'라고 쓴다

쇠꼬리 뽀얗게 우려내는 냄새에 실려 아래층 퇴직부부 관절염 진행 중임 레일을 턱턱 치며 하늘로 가는 빨간 기차 간밤 자정 넘어 주정하던 곰보자국 가재며 익숙해진 위층 집 말려진 혀를 싣고 떠나간다

꽃무릇 쓸려가는 초저녁 하늘 강 가로등 시울에 화관을 씌운다 마른 풀잎에 고여 오는 안개의 몸 냄새 발밑은 난간에서 흔들릴지라도 단단히 묶고 간다 발목 끄으는 당신에게로

4부

알라딘 잡job

엄마는 꼬막손등 식당 자동세척기
기술 없는 아빠는 달빛 밟고 나가는 인력시장 허드렛감
누나는 백화점 꼿꼿한 인사인형 유리문은 돌아가지요
내 직업은 딱히
버짐처럼 말라붙은 빈 그릇에 오줌줄기만큼 수도꼭지 틀어요
수세미는 벅벅 소리를 지르죠
석양이 검은고양이 털빛을 둘러오면
엄마는 양팔에 아령을 달고 오고
아빠 허리는 내 발밑에서 지근지근 기어요
담벼락을 비틀고 오는 누나 빈 맥주병엔 하루살이 춤
대학졸업반 수집노트 오늘 낱장 뜯어 딱지를 접지요
흰빛이 뚫려 있는 고양이 눈을 보셨나요
책상 밑 웅크리고 들어가 팍팍한 자신 퍽퍽 쳐요
하하 벌써
백수 회사에 면접 가지요 안개를 배달하겠느냐고
내일 아침 창문은 덜컹거릴까
생일에 쓰지 못한 폭죽으로 머리에 파마할까
손바닥 검색창 뒤 분리수거 빠른 신문 틈
전단지에 내 사랑 지니 튀어나와 배꼽 내밀어요
잘록한 그녀 거기
한방에 대박이라니
꽃을 찾아 열매를 찾아

주섬주섬 모니터를 뚫고 가는 다단계단
달콤한 딸기우유 바구니에 쏟아지는데
아뿔싸 엄마는 폐점에서 사 오신 우유 슬쩍 놓고
덩어리로 굳어지는 동안
나는 열릴 듯 말 듯
알라딘의 동굴을 클릭클릭
검정참깨에 바늘로 안 보이는 주문을 새기지요

비, 시멘트

구름의 양수 터지고 깨져 오는 하늘의 알들
고래 신호를 부르는 노래 이어지고 저수지가 시멘트 턱 위로 뽀글거리면 피래미는 은빛 배를 뒤집으며 실려 갔지 그건 진혼곡이었어

침대를 놓아버린 새 차가운 시멘트 바닥에 날개 붙이려 하네
발자국 찍을 수 없다는 것을 바람은 가르쳐 주지 않고 저만 빠져나간거야
젖은 날개는 제 몸의 몇 배 얼마나 무시무시한지

그림자만 있었다고 소녀
고층 난간에 올린 제 몸 햇볕 쪼이고 싶었을 테니, 하늘의 알처럼 말았다 하네
송두리째 날려 시멘트 바닥 흥건히 적셨다 하네

물기 먹은 시멘트는 동요 없이 단단해졌다

초복

땡볕 쏟아지는 대낮
화단 옆 시멘트 계단에 지렁이 배 밀고 간다
꿈틀거릴수록 데쳐지는 고구마줄거리
옮겨줄까 말까
눅눅하다 집을 나온 것이렸다
맛 좀 봐라
송골 땀 푸며 상점 갔다 오는데
반의반도 안 되게 튀겨진 꽈배기
한 사흘 가물거려
보일러 켜고 거실바닥에
납작 배 밀고 기어보았다
그 계단 내려설 때
뜨끔뜨끔
대낮 마른번개 맞고
함석지붕에 고스러지는 호박꽃 심장

저물녘

눈뜨는 전신주의 자손들
계단은 망설이는 가장 무동 태운다
낙과 떨이하는 차 스피커 따라
벌레의 향기 흠집 뚫고 나온다
아름드리 과수
대문을 지킨 후예였으나
낙과 한보따리도 주저하며
출렁이는 이름의 현 주소
걷기로 한다
택시비가 없는 것은 아니다
러시아워란 도시만의 예외 시간
황색등
운전기사의 늠름한 표정
맞닥뜨리기 싫은 거라고
낙과 한보따리 값의 곱절 지불할지 모르는
주머니 속의 변명 기구하다
육교로 되돌아간다
전전하며 보직 없는 뒷방 의자
주먹 쥔 손등 산맥 푸르다

비닐봉투 빠져나와 뒤로 가는 사과 한 알

겨울 사무소

여든 살 명함에 별 셋 달고 다니는 퇴역 장교, 김 선생 봐달라며 딱딱한 혀를 부서뜨린 퇴직교장, 공룡마트에 먹힌 골목가게 사장, 인터넷에 잘린 사무원, 역맛살 있어 뛰쳐나온 주부, 돌배기 울음 눈에 넣고 온 새댁, 그 가운데 미래 시인도 있다

오늘은 시인님 터뜨린 실적 한 방
점장은 한쪽 실눈으로 연신 갸웃하는데

판매 왕이 되는 거야
수피에 가려진 헐거운 뼈를 발라 보이고
휘둥그레 눈자위 열릴 때
안성맞춤 꽂아야 한다
이빨 빠졌으나 맞댄 날은 놓을 수 없다
몸뚱이만 드는 본전
문득 문득 멈추며
후들거려도 가고 또 가다보면 가는 것이다
톱밥처럼 바람 앞에 놓여 있는
외판 사무원

막차다!
폭설 내리는 날
목도리 끌리며 뛰어가 올라탄
슬금슬금 웃음도 뒤따라 헐떡인

작당 그리고 호박벌

바닷가 펜션에 모여
드럼통 화로에 삼겹살 굽는다
날아든 호박벌 손가락 한 마디
거인국 사람은 침을 미리 놓아 기절하고
허공을 주무르며
작당하여 가둘 태세를 한다

처연하게 흘리는 백합꽃 나리꽃
모름지기 입 다물라
고깃덩어리 낚아채고 사라지는 도둑고양이
호박벌 빠져나가고
느슨한 파도 조랑거린다

창틀에 발견된 어젯밤 호박벌 시체
신발을 툴툴 터는 자
고양이는 어느 새 마늘까지 풀숲에 옮겨 놓았다
해풍은 조문처럼 훌쩍이고
작당한 무리는 계단에 꾸역꾸역 토해지고
등에 꽂혀오는 작살 같은 햇살
호박벌 떼거리

어떤 사고

연식과 외형은 달랐으나, 배기량과 구조는 같았다

갓 출고된 차는 중앙분리대 추돌 후
몇 바퀴 굴린 몸을 산산조각 늘어뜨려 멈췄고
노 사장은 젊은 부인의 영정이 급했다
또 다른 곳 시간 차이

난간 길 회전미숙
나무옹이 찢어지며 바퀴 걸린 구사일생
희고 검은 빛 쓸려가는 저녁 병실 창에
중년부인 묶어놓은 긴 머리를 풀어 놓는다
내력 두꺼운 차 계보만 지워졌다

무엇을 알아
나의 나, 당신의 당신 순서

지금 곧
어림잡은 위안과
행운의 치레로 문안하고
조의라 쓴 봉투에
얄팍한 위로를 집어넣고
쓰디쓰게 돌아오는 것, 반복하는 것

>

조등 같은 지하도 불빛
안개는 상여꽃처럼 둘러왔다
상향등 밀고 빠져나온 출구
살아있어 해답이다
빗방울! 지하도 금을 훌쩍 넘어갔다

가로수

쌩하니 다가가
날렵한 상처 주지 않는다면
화려한 날의 무희를 꿈꾸겠지
눈보라 비바람은
언제고 익숙해진 줄거리라고
그 자리 지켜선
정년이 언제인지 알 수 없다
예전에 도로의 폭이 넓어질 때였지
오래도록 사랑한 나무
크레인에 들려 사라진 후
낯선 얼굴 거리 두고 서 있었음을
갓길 없음 표지가
너를 붙들고 서 있다
빈 몸인 네 꼭대기 위로
새들은 둥지를 틀어 놓았네

수신인 딸의 이름 '굿 네이버스*'

불고기 치킨햄버거 두 개, 행사하지만 추가 인심을 쓰지 못했다

"치킨" 반 갈라 접시에 높여 흔들리면
너는 꿈을 태워 구워진 왕새우 등을 수직으로 세웠다
낚아채지 못한 통학버스 손잡이
하차된 이십분을 계산기 두드리면서
반쪽인 내 몫 침묵했다
귀퉁배기 흘린 후추 맛을 주워 입속에 굴리기도 했다

가랑비 쌓여 수챗구멍에 소리 우는 저녁
자른 햄버거 반쪽을 선뜻 옮기지 못한다
한 개 더 살 수 없느냐 추궁과 한 개 다 먹을 수 있다는 사실도 망설이고 있다

가장은 집 한 채 지고 나가 꺾인 어깨에 꼬랑지 월급 통장을 끌고 왔다
꽁꽁 언 낮과 밤 잇대어 지나 베란다에 화초도 올망졸망 맺혔다
살만하니 거뜬해도 될 수 있겠지
남겨질 반절에 대하여 굳어진 땀과 흔적에 대하여

>

가식일지라도 희끗희끗, 관棺문 더듬는 의식이 생긴다
축축한 담벼락에 기대
굵은 빗줄기 되어가는 성냥개비 아이를 본다
사막의 물 되어가는 눈이 사라진 뼈가 뒹군다

그때 날아든 낯선 엽서의
까만 아이가 환하다
"별 것 아니예요"
"별의 것"

간지럼 태우며 뜨거워지는 낮
별을 얹은 보름달이 창문으로 배달되었다

* 국제 구호개발, 해외 아동결연, 긴급구호, 후원, 자원봉사단체.

2012년 월동

1.

이십 년만의 엄동설한입니다요 원자력 보일러에 양성종양 증세가 채집되었다는 보도가 있네요 첨단장비의 사전검진과 완벽한 기술자의 방호복은 아직 해묵지 않았는데요

이상무비정형성긴급후송!!! 삐 뽀 삐 뽀

얼른 시민은 제거할 때까지 빨간 내복과 게사쓰를 꺼내 입어야 합니다요 다행히 연탄가스 질이 좋아져 동치미국물 머리맡에 두고 잠들 일은 없을 것이라는데요

2.

그는 전문 키보더, 냉장 사무실 자판 두드린다
손가락이 재빠르게 지문을 지울수록
회전의자 분리음은 들리지 않는다
속기 앞지르는 우수한 자신을 감탄하고 경멸한다
산 그림자 먼저 내려와 알을 까는 책상
튕기는 순간부터 져주는 게임이다
나사 풀려 기울어진 의자
빼버리면 그만인 것을
내일 아침 얻어야 할 깃털 한 닢에
가장 쉬운 법이 차라리 두렵다
혹한의 야전병사 시절이 희끄무레하다
얼기 십상인 손가락 위해

마디 없는 장갑을 주문한다
여름창고 속 묻혀있는 재고품
잘라진 손가락을 어디에 두느냐고
툴툴대며 묻는 점원이 야속하다
날렵하게 자르라고 건네주는 멀쩡한 장갑
그는 마디 없는 장갑과
마디만 남은 손가락으로
다양성 임무를 완벽하게 처리한다

밤새 걸어 나온 털을 쪼는 서넛의 새
신음이 쩨쩨해진다

공생

물 한 대야 라이터 한 개 무기를 점검한다 적진은 몸통만한 화분 서내한 성이나 검은 띠 두른 쉼 없는 신군의 행렬 꽃잎의 매복 가로 막는다 저들은 나의 심약을 통찰하여 한 수 위다 베란다 상납하고 공생할 거라 믿었다 다시 밀실을 침범하고 약속 져버렸겠다 일침의 묘수를 쓰기로 한다 그러나 비겁하지 않게 흩뿌린 물 경고 한다 바가지째 붓고 하수구로 몰았다 시늉만은 안 되는 것이다 몇몇은 불 고문 튀겨졌다 마지막 단방 신기패*를 히든으로 눈꼬리 치키며 이불 속 기어들었다 밤새 검은 깨 떡처럼 달라붙어 흥건하게 파낸 사지에 머리를 묻는 개미

나는 끝까지 화분을 땅에 내려놓지 못했다

* 신기패 : 개미 벌레 박멸 살충제.

용궁공주
— 간질 앓다 간 꽃님이에게

비누거품 떠가는 도랑에 그 애 입속 물방울 풀어놓곤 했어
또래 학교 갈 때 대야에 걸레 하나 담고
머리카락 치맛자락 들추며 가는 뒷발치만 우두커니 바라보았지
그 애 엄마 구름 심술부리면 꽁꽁 묶어 놓았다는 소문
도랑 반석은 놀이터 햇살은 종일 해변처럼 빛났네
꽃물 든 가제수건 하루 내내 문지르고 있었지
빨간 토마토처럼 얼마나 곱게 익던지
빨래 수북 담고 둑 넘어 큰 냇가로 나갔어

아마도 용궁공주였나봐 뽀글뽀글 물방울 남기고
용궁 속으로 돌아갔대
햇살만 짙은 물살 뒤지고 있었네
회오리 위로 입술처럼 피워 오르는 물방울
쓸려가 물가에 너부러져 파닥파닥
금지된 냇가에서 밤이면 무슨 노래 들린 듯하여
나 슬그머니 손등 적셨네

거미줄 걸린 나방의 눈물 푸르르
목이 없는 그림자 떨어지는 저녁 둑길
도랑은 쉬쉬하며 빗방울 채우고 눈송이로 비밀 덮어갔네
그애 가족 떠나고 한참 후 수문 열어 바닥 드러냈으나

용궁은 없었지 바람 불면 모래무지 윙윙 날릴 뿐

땅속 물방울 뽀글, 예쁜 그 애 보조개 패이네

친구여 종은 크게 울린다

마흔 중반 훌쩍 넘어 지방 문예지 신인으로 실렸다

"축하해" 숨소리 턱 막혔다 안다 폐부까지 돌아 나온 목소리, 여상을 졸업하고 세상 첫 유리문에 끼워진 후 보이는 것을 눈감지 못한 우리는 몰락했다 넘어진 담벼락을 일으키던 장미의 계절 완행열차에 담아 서울에 닿았고 연애마저 실패한 너는 담배 연기 깊숙한 지방 카페에 내렸다 빌딩 벽에 갇힌 시간의 귀 나는 전등 꺼지길 기다리며 구미에 맞는 부속이 되었다

아내라는 이름으로 만나 조심스레 문을 열 때 가지들 엉킨 임대아파트 오색 종을 접고 있었든가 좌판 행상도 넌지시 들렸다 천정 구석 수납장에 흘러내린 시집 한 페이지! 박제되지 못한 기억은 튀어 나온 핏줄처럼 선명해졌다 생소한 것까지 진열하는 너는 안개가 물들의 나래되는 호수 저편 얘기 아물지 못한 상처를 만지작거렸다

저린 몸으로 부대끼고 있을 금이 간 유리의 시간
햇살의 반짝임이 더디 오는 것이리라
친구여 깊을수록 종은 크게 울리니
그 호수 전부 발 담가 물장구치는 바닥이려니

공원 빗돌 묻다
— 마을의 발달 첫 해

부득이 사람은 건너고 기차가 지나갔다
철교 위 구천 떠도는 불빛 기차를 기다리네
둑길 기어오르는 물소리
해 떨어진 마을 입구 들어서면 고개 들지 말고 걸어라
도깨비는 고개 들수록 물위를 걷게 했다
수문에 떠 있는 외투 그가 누굴 거란 짐작만 있었다

사탕 빨던 고무신, 장 보러 나온 보자기
해 거르며 명찰 박힌 교복 놓였다
푸른 혀가 떨어진 붉은 꽃잎 받던 날
교각 밑 통나무 징검다리
칭칭 동여도 작달비에 쓸리는 것을
어른들은 자꾸 반복했을까
신호기 앞 술렁이면 기차보다 느린 사람
산굽이 돌아 이무기 승천할 때 물고 가더라

접근금지 세우고 조립한 모랫바닥
철로는 사라지고
철교 침목에 웅크린 산 번지 친구 불빛도 사라졌다
뒷산 바위 앞 빗돌 심은 향토 공원
몇 바퀴 돌다가 겨우 발견한 새 발자국

벌써부터 오리 배 띄우는 흥분으로
처마 위 다락 잇댄 색깔 지붕들과
피라미 등을 타고 물비늘 헤엄쳐 간다
강바닥 혼을 다 깨우는 것이리라
눈주름자루만 보이는 곱사등 아제
둑길 지킨 정자나무 아래 이젠 석자 키가 되시나

공원 빗돌 묻다

— 마을의 발달 두 해

쓸려가지 못한 돌덩이 뒤엉킨 앞 냇가
왜가리 두 마리 이끼에 고인 물 축이고 간다
햇살 몰려다니는 등성이 누각 길
부스럼 앓는 풀들 파래본 적 있었을까
지난여름도 수련처럼 지붕은 피어
텔레비전에 범람하였다
집 잃은 누렁이 한쪽 발 들고 서 있고
봉합이 터진 황토관객 만원

허물어지고 메꾼다
훗날 입꼬리 가린 누군가 힘준 양 팔을 펄럭일 테니
무너진 담장에 깔린 호박 넝쿨
막내는 아깝다고 호박잎 따고
줄기 꺾인 나팔꽃의
막 터진 말문 더듬더듬

초록의 내력
섬기어 제단 쌓던 곳
안개를 보듬고 간 잃어버린 목소리들
주섬주섬 되돌아 올 것도 같은데
둑길 걷는 재 너머 아제 곱사등에 저녁그늘 먼저 닿는다

>

안녕, 푸른 바람
내일 아침 반가운 인사
문패만 웃고 있는 대문 밤새 두드려 주기를

공원 빗돌 묻다
— 마을의 발달 그후

공원 경계
매미가 발악해도 끄떡없더니
볼라벤 휘파람에 아름드리나무 누워 있다
잘린 벽 무너뜨린 뿌리의 한 쪽
햇살은 수액을 거침없이 삼킨다
울퉁불퉁 멋대로 풀려가는 둑길
발바닥 지압이라도 해주어 성과지

냇가 둘레 또 다시 실험의 풍경
초록 페인트에
세워진 골대 위로
상경 머뭇거리는 낯익은 얼굴
허공을 향해 쏘아댄다
공이 물위로
떨어질까봐
조바심에 내가 자꾸만 굴러갔다

아버지, 올해는 곱사아제가 안 보여요
고샅에 남아있는 사람 죄다 곱사다
원조 아제 말예요
뭔 의미가 있다나
작년 가을인가 올 봄인가 묻었제
후~욱

시선

옹이가 떨어져 나가고
우묵 패인 늘그막한 나무
산새들 카페
남기고 간 사연이 벽장처럼 쌓이고
확인한 쪽지 눌러놓듯
낙엽이며 새똥이며
부스러기 엮어놓은 그들만의 신호

다 저녁 때 의자

밑동만 남은 나무
의자가 되어
횟가루로 낙인된 분류번호 입었다
발자국 소리를 기다리는 걸까
많은 사람 스쳐갔으리
다가가 앉아본다

한때는 공원의 바람을 쥐락펴락 했을 터
뿌리를 엉덩이 속으로
밀어 올리며
사라진 가지의 번지를 찾아 달라 보채는 듯

나이테에 새겨진 하트무늬 잔해
맴돌고 있는 붉은점모시나비
나무의 기억을 오므렸다 펼쳤다

매정한 사람아 여태 돌아오고 있는가
나 일어나자
나무의자는 쪼가리 해시계를 붙들고, 저만치

목발을 짚고 와
손바닥으로 쓸고 가는 작은 등

사라진 가지의 눈 어둠을 밀고
집으로 가는 길 끄덕이는 둥근 의자

해설

저린 몸으로 펼치는 진혼鎭魂의 시학

오홍진 문학평론가

저린 몸으로 펼치는 진혼鎭魂의 시학

오홍진 문학평론가

1. 스무 살의 아이러니

김명이의 시는 저린 몸으로 고통스런 세계와 맞부딪히며 살아가는 존재들의 삶에 주목하고 있다. '저린 몸'이라는 시적 주체의 상황이 암시하는 대로, 시인은 "연약한 다리로 지탱하는 삶"(「눈새」)의 비애에 시안詩眼을 집중한다. 저린 몸을 지니고 살아가는 이들에게 세상은 "밧줄 매지 않고 번지 점프하는 곳"(「유리 지구」)과 다르지 않다. 번지점프라는 놀이가 죽음으로 화해버리는 세상에 우리는 살고 있다는 것을 시인은 '아파트'라는 절대적 소외의 공간을 빌려 표현한다. 아파트는 자본주의의 공간적 특징을 상징한다. 하늘 높은 줄 모르고 치솟는 이 마천루들은 부자와 빈자를 정확히 가름으로써 그곳에 거주하는 사람들만의 고립된 세계를 구축한다. 비슷한 사람들이 모여 서로의 삶에 동화되어가는 생활방식은 자본주의적 삶의 리듬이 되어 아파트 특유의 폐쇄된 구조로 펼쳐진다. 폐쇄된 공간에 사는 사람들은 조그만 소리에도 예민하게 반응한다. 층간 소음 때문에 벌어지는 숱한 갈등은 "아파트 통째 찍던 그 밤의 격전, 패배한 아래층이다"라는 시적 정황을 통해 표현되고 있는바, 시인은 무엇보다 아파트의 폐쇄성으로부터 인간관계의 폐쇄성을 이끌어내고 있다고 보면 좋을 것이다.

아파트의 폐쇄적 공간감은 「콩나물시루 속으로」에서는 '콩나물시루'의 조밀한 이미지로 변주되어 표현되고 있다. 콩나물에 얽힌 아픈 추억을 되새기고 있는 이 시에서 시인은 일상 깊숙이 박혀 있던 가난의 문제를 끄집어내고 있다. 아랍여자처럼 차도르를 쓰고 사는 콩나물이 "갑갑할까봐, 벗겨버리면 쑥쑥 자랄 것 같아" 아이는 베일을 들추어낸다. 파래진 얼굴로 돌아온 엄마의 빗자루에 맞아 멍이 든 몸을 "멍든 콩나물"에 비유하며 시인은 가난으로 하여 빚어진 설움을 표현한다. 가난한 삶에 비행기재 넘어 장사하랴, 증조부 제사 지내랴 고달픈 어미의 일상과 마찬가지로, 아이 또한 콩나물시루 속에서 노랑대가리 굼실거리며 지금까지 살아왔다. 시의 말미에서 시인은 "검은 이불 뒤집어 쓴 채/ 절여진 나의 삶은 붉은 음표 가득하였네"라고 고백한다. 성장의 징표인 "붉은 음표"의 이미지는 가난을 벗 삼아 어른이 된 아이의 정황을 에둘러 드러낸다. "빨리 세상 나오라고 꼬박 하루 구경시켰"다가 도리어 멍이 들어버린 콩나물처럼 아이는 비정한 세상의 물정을 고통스런 몸을 통해 가슴 깊이 체득해버렸다. 그리하여 「랄랄라 스무 살」에 등장하는 스무 살의 딸은 쉰 살의 엄마와 다를 바 없는 자신의 삶을 예감하고 있다. 콩나물에 멍든 아이는 스무 살이 되어도, 쉰 살이 되어도 그 멍-흔적으로부터 벗어나지 못하리라는 서글픈 예감.

아홉시에서 아홉시 랄랄라 스무 살, 방학특수, 알바천국, 황

금이삭을 줍자, 오 만원어치 물렁뼈가 지근거린다

자주 한 시간 덤 주면서 웃어 주기, 바코드에 능숙할수록 목적지에 다가가는 법은 쉽게 배운다, 부러진 발톱 붙이러 간 화장실

그때 벽 쪽에 서 있는 엄마, 어린이 집 다닐 적 헐값으로 퍼주고 겨우 남긴 쌍가락지 왜 빼셨을까? 링 속에 생긴 허공을 밀고 금 한 돈 이십이 만원 화살촉 급히 따라가셨다

광고 등 외벽 밝히면
나의 발바닥은 불어터진 생선이 되었습니까
삼키지 못한 가시는 제 목에 걸려야 맞습니까
신음들 사이로 빛나는 성공시리즈
철학은 전설처럼 먼지의 두께가 되고
책가방은 방학 전 그대로 하품한 채
랄랄라 스무 살 , 쉰 살
살기 좋은 우리 나라
—「랄랄라 스무 살」 전문

아홉 시에서 아홉 시까지 스무 살 청년은 일을 한다. 스무 살에 할 수 있는 노동의 종류는 한정되어 있다. 발톱이 부러질 정도로 부산하게 몸을 움직이지만, 정작 부러진 발톱을 붙이기 위해 화장실에 갈 시간은 쉽게 나지 않는다. 하루 종일 일을 해도 손에 들어오는 돈은 언제나 부족하다. 바코드를 능숙하게

찍으면 인생의 목적지에 더 빨리 도달할 수 있는 것일까? 88만 원 세대의 비애가 채 사라지지 않은, 아니 88만 원마저도 벌 수 없어 아예 백수의 길로 나서는 청년들의 상황을 생각한다면, 12시간 노동은 시대의 슬픔이라기보다는 차라리 시대의 코미디에 가깝다. 공부할 시간에 공부할 돈을 벌어야 했다면, 공부가 끝난 후에는 공부하기 위해 빌렸던 돈을 갚기 위해 돈을 벌어야 한다. 부채 인간을 양산하는 현대 자본주의 사회의 특성상, 청년들은 공부를 끝내기도 전부터 부채의 그늘에 휘말려 들어간다.

문제는 청년들의 이러한 곤경이 부모 세대의 고통으로 전가되고 있다는 점에 있다. 위 시의 3연에 표현되듯, “어린이집 다닐 적 헐값으로 펴주고 겨우 남긴 쌍가락지”를 엄마는 자식의 미래를 위해 처분한다. 돈을 쓰지 않으면 배울 수 없고, 배우지 못하면 사회적으로 성공할 수 없다. 돈과 성공의 고리는 뫼비우스의 띠처럼 안과 밖이 연결되어 있다. “신음들 사이로 빛나는 성공시리즈”를 갈망하며 그들은 오늘도 “랄랄라 스무 살, 쉰 살”을 외치며 살아간다. “살기 좋은 우리 나라”라는 환상을 여전히 품은 채 살아가야 하는 게 피할 수 없는 그들의 인생이라면, “랄랄라”에 스며든 아이러니는 어떻게 보면 어릴 때부터 인생의 지독한 쓴맛을 보고 자란 세대의 운명과 맞물려 있는지도 모른다. 그들에게 “철학은 전설처럼 먼지의 두께가” 되어버렸고, “책가방은 방학 전 그대로 하품한 채”로 저 구석에 박힌 쓸모없는 물건이 되어버렸다. 방학특수를 맞아서는 알바천국에서 “랄랄라” 황금이삭을 주울 수 있게 되었으니 이 얼마나 “살기 좋은 우리 나라”인가.

미래의 목표는 예전에 이미 사라졌다. 현재에 대한 성찰이 사라진 동물의 왕국에서는 오로지 '현재'의 시간을 견뎌내는 것만이 유일한 목표가 된다. 가야 할 곳이 이미 정해져 있고, 또 올라갈 곳의 한계가 분명히 정해져 있다면, 쌍가락지를 판 쉰 살 어미의 삶에는 알바천국에서 황금이삭을 줍는 스무 살 자식의 삶이 이미 내재되어 있다. 돌려 말히면 스무 살 청년의 삶은 쉰 살 어미의 삶을 그대로 따라가고 있다. 살기 좋은 우리나라에서 벌어지는 이러한 악순환은 "랄랄라 스무 살"의 희망을 뿌리부터 잘라버리는 효과를 발휘한다. 콩나물시루에는 멍든 콩나물들이 가득 담겨 있다. 검은 베일에 싸여 있는 콩나물들의 삶은 베일이 살짝이라도 벗겨지면 이내 숨통을 조여 오는 고통에 휩싸여버릴 위험에 처해 있다. 「나무의 집」을 따른다면, 그것은 "새가 없는 숲"의 상황과 상당히 유사해 보인다. 새가 없는 숲은 생명이 없는 공간이다. 거대한 빌딩의 숲으로 덮여가는 자본주의 사회의 이면에서 어린 새들은 하나하나 도태되고 있다. 그들은 어디로 가야 할까? 어떤 상황에서도 "랄랄라" 노래를 부르는 게 청년의 권리라고 말할 수 있는 시대는 예전에 지나갔다. 스무 살의 아이러니는 미래가 봉쇄된 현재로 그들 앞에 나타나 있다. 다시 묻자. 어떻게 해야 이런 상황을 벗어날 수 있을까? "꼬옥 끌어안고 조금만 견뎌라 그리 했지요"(「꽃이 피면 슬퍼지는 얘기」)라고 말하면 삶의 지독한 아이러니는 해결될 수 있는 것일까?

2. 별 캐러 가는 아이의 서정

아이러니스트는 무언가를 직접적으로 이야기하지 않는다. 그는 에둘러서 사물의 본질 속으로 들어가려고 한다. 겉으로는 무심한 표정을 짓고 있어도, 속으로는 온갖 상상의 나래를 펴는 존재가 아이러니스트이다. 그리하여 아이러니스트는 절망 속에서 희망을 본다. 절망이라는 말이 발화되는 순간, 거기에는 이미 희망이라는 의미가 내포되어 있다. 요컨대 "살기 좋은 우리 나라"라는 시구에는 살기 좋은 나라를 향한 아이러니스트의 절박한 희망이 담겨 있다. 아이러니가 절망이 아니라 희망과 연관되는 이유는 여기에 있다. 새가 없는 숲에서 아이러니스트는 새로 가득 찬 숲을 소망한다.

> 오르막도 내리막도 앞에서만 부는 바람
> 나무는 밀려도 제자리에 있고
> 나는 나아가야만 했다
> 돌계단 턱을 딛고 있는 오전의 햇살
> 희고 짱짱한 재를 가리키며 떨어졌다
> 한 덩어리 바람으로도 날개 없는 새
> 멈춤의 두께는 먹구름처럼 짙어졌다
> 발자국 깊은 소리로 묻혀갈수록
> 눈발이 나무 비늘 되어 바람의 바닥으로 주저앉을수록
> 숨 막고 붙잡히는 팽팽한 접전
> 불현듯 예외 없이 가벼울 수 있다는 것
> 미끌린 폭 빙산 담장 무너뜨리며

떨어진 흙무더기 아래 절벽
기어오르는 네 발 짐승 되어간다
짐승은 안다
꼭대기엔 아무것도 없다는 것
그래서 꼭대기로 향하는 것
허공을 두른 막바지 산봉우리
눈을 잃고 내가 없는 몸을 던진다
설원 틈바구니마다 눈을 뜨는 낮별들
새가 될 수 없는 내가 단 한번 새가 되기 위해

맨 아래 땅을 딛는 순간 지고 내려온 눈발 한 짐
겨울 산은 나를 놓아주고 또 붙잡는다
―「겨울 산」 전문

오르막길에서도, 내리막길에서도 바람은 세차게 분다. 오르는 길을 막는 바람과 그 길을 올라가야 하는 존재의 "숨 막고 붙잡히는 팽팽한 접전"이 황량한 겨울 산에서 벌어진다. 그는 왜 산 위로 올라가려고 하는 것일까? 정상에 대한 욕망일까? 만약 그렇다면 돈, 돈, 돈을 외치며 자본의 정상에 서려는 이들과 무엇이 다른가? 시인은 "불현듯 예외 없이 가벼울 수 있다는 것"을 확인하기 위해 산에 오르고 있음을 강조한다. 정상에 오를수록 가벼워지는 몸의 역설은 사실 정신의 무게와 긴밀하게 결부되어 있다. 정신의 무게라고 했지만, 정신에 무게가 있을 리는 없다. 정신은 한없이 가볍다(가벼워야 한다). 정신이 무겁다는 건 무언가를 향한 욕망이 그만큼 크다는 것을 의미한다. 정신에 무게가 있다면, 그것은 욕망의 무게와 다르지 않다. 욕망의 무게가 정신을 좀먹어 들어오니 몸은 한없이 무거워진다. 정신은 이미 몸을 내포하고 있기 때문이다.

시인은 위 시에서 정신의 모험을 감행한다. 그것이 하필 겨울 산이어야 하는 까닭은, 정신은 곧 몸이라는 시인의 생각에서 연유한다. 요컨대 시인은 정신=몸을 극한적 상황에 배치함으로써 욕망으로부터 한없이 가벼워지는 새로운 정신-몸을 상상한다. 새로운 몸은 그러므로 욕망의 외부에서 뻗어 나온다. 근대주체-인간의 인식체계에 갇혀 있다면 새로운 몸은 결코 만들어질 수 없다. 짐승-되기의 시적 여정은 바로 이 지점에서 김명이 시의 세계로 들어온다. "떨어진 흙무더기 아래 절벽/ 기어오르는 네 발 짐승"이 됨으로써 시인은 "눈을 잃고 내가 없는 몸을" 산봉우리 아래로 던질 수 있는 힘을 얻는다. 눈을 잃었으니 당연히 아무것도 보이지 않을 것이다. 주목할 점은 "꼭대기엔 아무것도 없다는 것"을 시인이 이미 알고 있다는 사실이다. 인간의 눈을 잃은 대가로 시인은 "새가 될 수 없는 내가 단 한 번 새가 되"는 순간에 직면한다. 인간의 눈을 지니고 있었다면 산봉우리 아래로 몸을 내던지지 못했을 것이다. "겨울 산은 나를 놓아주고 또 붙잡는다"는 이 시의 결구는 정확히 이 맥락에 걸려 있거니와, 시인은 목숨을 건 도약을 실천함으로써 새로운 몸으로 나아가는 길을 스스로 열어젖힌 셈이다.

목숨을 건 도약은 새로운 생명을 잉태하기 위한 상상 속의 도약을 의미한다. 상상의 주체는 어둠 속에서 제 눈을 잃고 낭떠러지 아래로 기꺼이 도약한다. 밧줄을 매지 않고 도약하는 일이라는 점에서 그것은 「유리 지구」에 나타나는 "밧줄 매지 않고 번지점프하는" 정황과 유사해 보인다. 하지만 목숨을 건 도약과 밧줄이 없는 번지점프는 근본적으로 차이가 있다. 밧줄이 없는 번지점프는 인간의 눈을 간직한 채 낭떠러지 아래로 떨어지는 일이기에, 그것을 감행하는 존재는 거대한 공포감에 휩싸여버릴 수밖에 없다. 목숨을 건 도약이 인간의 눈을 잃은 상태에서 이루어지는 행위라는 점에 새삼 주목해야 하는 이유는 여기에 있다. 인간의 눈을 잃었다는 건 추락에 대한 공포감에 더 이상 빠지지 않아도 된다는 것을 뜻한다. 곧 목숨을 건 도약이 이루어지는 순간 도약의 주체는 엄청난 인식의 확장을 경험하게 된다. 김명이는 이러한 인식의 확장을 「겨울 산」에서 보여주고 있는바, 그것은 돌려 말하면 그녀가 자신의 고통과 맞설 수 있는 힘을 비로소 지니게 되었다는 의미로 해석해도 좋을 것이다.

하지만 겨울 산에서 펼쳐내는 시인의 서정에는 채 지워지지 않는 슬픔이 어려 있다. 겨울 산에서 불어오는 바람과 정신적으로 맞서려는 시도 자체가 시적 주체에게는 엄청난 압박감으로 작용하고 있기 때문이다. 이를테면, 겨울 산에서 내려온 시인은 "폴짝 등에 올라/ 하늘에 박힌 별 캐러 가자고/ 품속 끌어당기는 아이"와 마주하고 있다. 별을 캐러 간다는 낭만적 서정의 이면에는 "신설된 부실 팀의 챌린저호"에 탑승할 지도 모른다는 생활인으로서의 불안감이 깊이 스며들어 있다. 겨울 산의 서정과는 이질적인 일상의 서정은 정신적인 능력을 강조하는 아이러니스트의 한계를 분명히 보여준다. 이러한 한계를 아이러니스트의 정직함이라고 표현해도 상황은 마찬가지다.

아이는 별을 캐러 가고 싶어하고, 엄마는 아이의 소망을 들어 주고 싶어 한다. 하늘로 소풍을 가서 배낭 가득 별을 따오고 싶은 낭만적 서정을 아이와 더불어 펼치고 싶은 게 어미의 마음이다. 하지만 아이러니스트는 그것이 상상 속에서만 가능하다는 걸 알고 있다. 아이의 시선에 갇힐 수 없는 아이러니스트는 겉으로는 낭만적 서정을 이야기해도, 속으로는 그것의 불가능성을 헤아리고 있다. 별을 캐러 가자는 아이와의 약속을 지킬 수 없으면서도 웃으면서 약속을 해야 하는 자의 운명적 비극이라고 해야 할까, 아이러니를 시의 기법으로 선택하는 순간 김명이는 이러한 운명에 자동적으로 빠져버리게 된 셈이다.

김명이 시의 딜레마는 바로 여기서 비롯된다. 한쪽에는 푸른 유리 빛으로 감싸인 무서운 건물(「무서운 건물」)과 맞서고 있는 시적 주체가 있고, 다른 한쪽에는 별을 따러 가자며 시간을 훌쩍 뛰어 넘으려는(「어느 순간 시간은 훌쩍 뛰어넘었으면 해」) 시적 주체가 있다. 세상에 대한 끝없는 두려움과 그 두려움 너머에서 펼쳐질 새로운 희망 사이에서 김명이 시의 주체는 뿌리를 내리지 못한 채 한없이 흔들리고 있다. 마른 꽃이 "잎을 피우고 꽃대를 피우는 상상"(「꽃」)에 빠져 즐거운 시적 주체가 있는가 하면, 젖은 날개로 고층 난간을 뛰어내린 그림자 소녀(「비, 시멘트」)의 비극을 들먹이며 오열하는 시적 주체가 있다. 그 사이에서 시인은 겨울 산에 올라 짐승-되기의 정신적 도약을 보여주기도 하지만, 한편으로는 "슬픔을 끓이는 도가니"(「무기수」)에 무기수로 갇힌 자의 비애를 드러내기도 한다. 만나는 지점은 없이 양 갈래로 끊임없이 뻗어가는 이러한 딜레마 앞에서 시인은 과연 어떤 시적 행보를 취하고 있을까?

3. 저린 몸으로 부르는 진혼곡鎭魂曲

표제작인 「엄마가 아팠다」에서 시인은 아픈 엄마를 시의 세계로 불러내고 있다. 여든 살의 어미는 급병이 나서 식음을 거부한 채 앓고 있다. 며칠째 병상을 붙들고 누워 있는 어미를 보며 시인은 "앞마당 오래된 나무"를 생각한다. 그 나무를 베자마자 어미가 앓아누웠기 때문이다. 나무의 동티일까, 생나무를 잘랐으니 생사람인들 제대로 살아갈 수 있을까 싶기도 하다. 아픈 엄마를 위해 딸은 무엇을 할 수 있을까? "불쑥 돌아가신 외할머니 보았다"고 시인은 적고 있다. 죽은 외할머니가 나타나면서 이 시의 주체는 설화적 세계로 들어간다. 일상 세계라면 일어날 수 없는 일이 설화적 세계에서는 충분히 벌어질 수 있다. 죽은 외할머니가 있고, 링거액에서 떨어지는 아버지의 목소리가 있다. 어미를 향해 "약도 먹고 그래야 낫지"라고 낮은 목소리로 읊조리는 딸도 아픈 어미 곁에 있다. 병을 앓는 엄마를 중심으로 펼쳐지는 생명의 관계망이 형성되면서 나무를 베어버린 동티로 병이 난 어미의 몸은 시나브로 치유하기 시작한다.

딸이 내민 귤 한 조각을 아기처럼 겨우 빨아먹는 어미를 보며 시인은 "이. 제. 살. 았. 네"라고 또박또박 말하고 있다. 함부로 나무를 베면 엄마가 아프다. 엄마가 아프면 죽은 외할머니도 아프고, 아버지도 딸도 아프다. 한 존재의 아픔이 다른 존재의 아픔으로 이어지는 생명의 그물망은 타자의 아픔이 곧 나의 아픔과 다르지 않다는 것을 에둘러 입증한다. 한 맺혀 죽은 영혼을 온몸으로 받아내는 무당이 되어 시인은 아픈 엄마의 몸살을 온몸으로 받아낸다. 헤아릴 수 없는 일에 부대끼며 살아 왔을 어미의 몸은 이제 "금이 간 유리의 시간"(「친구여 종은 크게 울린다」)이 되어버렸다. 약간의 충격만으로도 쉬이 깨질 수 있는 몸이 나무의 동티까지 만났으니 당연히 생사를 넘나들 수밖에 없다. 어미의 몸이 어미의 몸으로 한정되지 않는 이유는 여기서 비롯된다. 어미가 아프면 죽은 외할머니도 아프다. 외할머니와 어미의 몸은 하나로 연결되어 있기 때문이다. 그러니 어미가 아프면 딸의 몸 또한 아플 수밖에 없다. 그리하여 약해질 대로 약해진 어미의 몸을 대신하여 딸이 그 아픔을 온몸으로 받아낸다. 이것이 생명의 기억이다.

저린 몸으로 일상과 부대끼며 형성된 유리의 시간은 이렇게 변함없이 이어지는 생명의 기억을 통해 하나로 봉합된다. 「시선」이라는 시를 참조한다면, 그것은 "그들만의 신호"로 이루어지는 원초적 세계와 다르지 않다. 생명의 시간은 그들이 남긴 수많은 흔적들이 모여 이루어진다. "폐허로 남은 젖무덤"이 내복 사이로 흘러나온 "저 여인에게도 푸르고 여린 봄날"(「여인」)이 있었듯이, 생명이 있는 모든 존재들은 저마다의 푸른 봄날을 저마다의 방식으로 살아냈다. 그것이 나와 다르면서도 나와 "닮은 그 여자"를 거부할 수 없는 이유이다. 누군가가 죽으면 누군가는 태어난다. 그러므로 죽고 사는 게 "뭔 의미가 있다냐"(「공원 빗돌 묻다-마을의 발달 그후」)라고 나직하게 말하는 아버지의 모습은 이미 누군가를 통해 실현된 모습이었다. 돌려 말하면 누군가의 미래 속에서 아버지의 모습은 다시 한 번 실현될 가능성을 내포하고 있을 것이다.

밑동만 남은 나무
의자가 되어
횟가루로 낙인된 분류번호 입었다
발자국 소리를 기다리는 걸까
많은 사람 스쳐갔으리
다가가 앉아본다

한때는 공원의 바람을 쥐락펴락 했을 터
뿌리를 엉덩이 속으로
밀어 올리며
사라진 가지의 번지를 찾아 달라 보채는 듯

나이테에 새겨진 하트무늬 잔해
맴돌고 있는 붉은점모시나비
나무의 기억을 오므렸다 펼쳤다

매정한 사람아 여태 돌아오고 있는가
나 일어나자
나무의자는 쪼가리 해시계를 붙들고, 저만치

목발을 짚고 와
손바닥으로 쓸고 가는 작은 등
사라진 가지의 눈 어둠을 밀고
집으로 가는 길 끄덕이는 둥근 의자

—「다 저녁 때 의자」 전문

밑동만 남은 나무가 있다. 많은 생명이 스쳐갔을 그 나무 의자에 시인은 다가가 앉아본다. 한때는 공원의 바람을 쥐락펴락 한 생명체였을 이 나무는 이제 밑동만 남아 그곳에 앉으려 하는 이들을 기껍게 받아들인다. 나이테에 새겨진 기억들을 뒤로 한 채 나무는 "다 저녁 때 의자"가 되어 자기에게 주어진 삶을 여전히 살아간다. 오래된 기억에 새로운 기억이 덧보태진다. 수많은 잎을 드리웠던 화려한 시절은 지나갔지만, 그래서 숱하게 몰려들던 생명들도 발길을 끊은 지 오래지만, 그래도 나무는 나무일 수밖에 없는 삶을 살아가야 한다. 그것을 자연自然이라고 말해도 상관없다. 집으로 가는 길에 시인은 나무의 이러한 모습을 목격한다. 집에서 나왔으니 집으로 돌아가는 건 당연하다. 집으로 가는 길에 잠시 앉은 밑동만 남은 나무 앞에서 시인은 집에서 집으로 영원히 순환되는 시간의 흐름을 비로소 이해한다. 개인적으로 보면 헤아릴 수 없이 금이 간 유리의 시간이겠지만, 자연-시간의 맥락에서 보면 그 금조차도 하나의 기억으로 화해버리는 시간의 흐름에 시인은 주목하고 있는 것이다.

스무 살의 아이러니에 질려 핏발 선 눈으로 세상을 바라보던 시인의 시선은 이렇게 저린 몸으로 "금이 간 유리의 시간"을 끌어안는 천 개의 눈으로 변주된다. "집으로 가는 길 끄덕이는 둥근 의자"의 이미지는 이런 점에서, 엄청난 산고를 겪으면서도 목청껏 우는 걸 포기하지 않는(「안녕」) 저 동백나무의 이미지를 그대로 빼어 닮았다. 세상은 아마도 변하기 힘들 것이다. 아픈 사람은 여전히 아플 것이고, 슬픈 사람은 여전히 슬플 것이다. 누군가는 죽고, 또 누군가는 태어나야 할 것이다. 하지만 그러면 어떤가? 그게 자연이라면, 그리고 그 자연의 기억이 생명의 기억으로 화하여 다 저녁때의 밑동만 남은 의자로 남는 것이라면, 기꺼이 그 의자에 앉아 살아온 날을 기억하거나, 살아갈 날을 예감해 보는 것도 한번쯤은 거쳐야 할 삶의 방식이라고 할 수 있다. 김명이의 시는 바로 밑동만 남은 나무의자의 이러한 삶에 시안을 집중한다. 스무 살의 아이러니를 경유하여 그녀가 이른 시의 세계는 사실 무한한 가능성으로 열려 있다. 시인으로서 그녀는 콩나물시루 속에서 더욱더 많은 멍-흔적을 몸에 새기며 살아가야 하기 때문이다. 연약한 다리로 자신의 삶을 지탱하며 '무서운' 세상을 향해 목청껏 소리치는 그녀가 보인다. 소리를 칠수록 그것은 멍이 되어 가슴 속 깊이 생채기로 남게 될 것이다. 시인이 그 일을 모를 리 없다. 알면서도 그렇게 할 수밖에 없는 운명이라고 하면 어떨까? 김명이는 벗어날 수 없는 시(인)의 운명 속으로 기꺼이 들어가고 있는 셈이다.

김명이

김명이 시인은 전북 오수에서 태어났고, 한남대학교 사회문화대학원 문예창작학과를 졸업(석사)했으며, 2010년『호서문학』과『문학마을』로 등단했다.
『엄마가 아팠다』는 김명이 시인의 첫 번째 시집이며, 이 세상의 모든 어머니들을 위한 '진혼가'라고 할 수가 있다. 알바천국의 스무 살 처녀에서부터 밧줄매지 않고 번지점프해야 하는 유리 지구까지, 콩나물시루 속의 어린 소녀에서부터 며칠째 병상에 누워 있는 팔순의 엄마까지, 이 세상에는 수많은 엄마들의 삶의 애환과 죽음이 있는 것이다.
엄마가 아팠다. 이 아픔은 모든 존재의 집인 엄마의 아픔이며, 이 아픔은 우주적인 충격의 크기로 우리들의 마음을 울리고 있는 것이다.

이메일 : bagajistar@hanmail.net

김명이 시집

엄마가 아팠다

초판 1쇄 2013년 11월 5일
초판 2쇄 2013년 11월 14일

지 은 이 김명이
펴 낸 이 반송림
편집디자인 김지호
펴 낸 곳 도서출판 지혜
계간시전문지 애지
기획위원 반경환 이형권 황정산
주 소 300-812 대전광역시 동구 삼성1동 273-6
전 화 042-625-1140
팩 스 042-627-1140

전자우편 ejisarang@hanmail.net
애지카페 cafe.daum.net/ejiliterature

ISBN : 978-89-97386-72-7 03810
값 8,000원